सीता एक नारी

(खंड काव्य)

प्रताप नारायण सिंह

डायमंड बुक्स

www.diamondbook.in

प्रकाशक : डायमंड पॉकेट बुक्स (प्रा.) लि.
X-30 ओखला इंडस्ट्रियल एरिया, फेस -II
नई दिल्ली- 110020
फोन : 011-40712200
ई-मेल : sales@dpb.in
वेबसाइट : www.diamondbook.in
संस्करण : 2022
मुद्रक : आदर्श प्रिंटर्स, शाहदरा, दिल्ली
आवरण : अजन्ता

Sita: Ek Naari (Khand Kavya)
by Pratap Narayan Singh

ॐ त्र्यम्बकं यजामहे सुगन्धिं पुष्टिवर्धनम्।
उर्वारुकमिव बन्धनान्मृत्योर्मुक्षीय माऽमृतात्॥

पूजनीया माताजी श्रीमती शैलकुमारी सिंह

और

पूज्य पिताजी श्री सत्यदेव सिंह

दो शब्द

"सीता: एक नारी" का यह तृतीय संस्करण प्रस्तुत करते हुए बहुत ही हर्ष हो रहा है। सन् 2018 में पुस्तक का प्रथम संस्करण अयन प्रकाशन के द्वारा प्रकाशित किया गया था। उसके बाद द्वितीय संस्करण मैंने स्वयं प्रकाशित करवाया। पाठकों के द्वारा यह पुस्तक निरंतर पढ़ी जा रही है। इसलिए इसकी उपलब्धता को सुनिश्चित करने हेतु अब इसे डायमंड बुक्स के द्वारा प्रकाशित किया जा रहा है। मैं अपने पाठकों का अंतस्थल से आभारी हूँ।

इस खंडकाव्य को हिंदी संस्थान उत्तर प्रदेश द्वारा वर्ष 2018 के लिए खंडकाव्य विधा का सर्वोच्च पुरस्कार "जयशंकर प्रसाद पुरस्कार" प्रदान किया गया था। पहली पुस्तक को ही पुरस्कृत करके हिंदी संस्थान ने मेरे लेखन को रेखांकित करते हुए भविष्य में लिखते रहने के लिए प्रेरित किया।

इस खंडकाव्य के माध्यम से मेरा मंतव्य रामायण की कथा को दोहराना कतई नहीं है, क्योंकि वैसा करने का कोई औचित्य नहीं है, अपितु रामायण की विभिन्न घटनाओं की एक नारी (दैवीय शक्ति नहीं), जो कि एक राजपुत्री है, एक महान सम्राट की पत्नी है, एक अत्यंत कर्तव्यनिष्ठ और विचारशील स्त्री है, की दृष्टि से विवेचना करना है। इस काव्य में तात्कालिक सामाजिक व्यवस्था, मान्यताएँ और समाज में स्त्रियों के स्थान को लेकर एक स्त्री के मन

में उठने वाले प्रश्नों पर चिंतन का एक प्रयास है। मुझे लगता है कि वे प्रश्न आज भी प्रासंगिक हैं क्योंकि आज भी समाज में स्त्रियों के एक बड़े वर्ग को किसी न किसी स्तर पर अधीनता स्वीकार कर ही जीवन यापन करना पड़ता है।

-प्रताप नारायण सिंह

डॉ. प्रणव भारती की लेखनी से

सीता पर अनेक आख्यान, रचनाएँ लिखी गई हैं किन्तु प्रताप ने 'सीता: एक नारी' में सीता को एक भिन्न दृष्टिकोण से समझने का प्रयत्न किया है। कवि असहज है, एक ऐसी स्त्री के प्रति अति संवेदनशील है जो एक राजघराने की लाड़ली पुत्री थी, राजकुल की पुत्रवधू थी, अपने पति की प्रिया थी जिसने अपने जीवन के अंत में गर्भावस्था में परित्यक्त होने की सघन पीड़ा को झेला। ऐसी पीड़ा जो किसी भी नारी की अस्मिता को घायल करने के लिए एक विषैले बाण सी हृदय को सदैव के लिए बेंध जाती है। 'सीता ने अपने जीवन में क्या खोया, क्या पाया' एक चिंतनीय प्रश्न बनकर कवि के सम्मुख आ उपस्थित हुआ। कवि के हृदय में उसके प्रति एक करुणा उत्पन्न हुई और उसने सीता को राजरानी के पद से भिन्न एक साधारण संवेदनशील, कोमल हृदया नारी के रूप में देखने का प्रयत्न किया। इस रचना को कवि द्वारा सीता के मन की गहन वीरानी तथा असहज मन:स्थिति को पहचानकर उसकी व्यथा में अपनी संवेदना की कलम डुबोकर मार्मिक रूप से चित्रित किया गया है।

यद्यपि प्रथम सर्ग में राम के रूप में पूरे पुरुष-समुदाय के वर्चस्व की कथा का उल्लेख किया गया है किन्तु वास्तव में इस कथा को कवि ने सीता के मानस-पटल पर बिखरी करुणा से बुना है। सीता पति के साहचर्य में प्रत्येक स्थिति में संतुष्ट व प्रसन्न रहीं। राम के

साथ वन-प्रांत की कुटिया में उन्होंने राजमहल का सुख प्राप्त किया और कंदमूल में छप्पन व्यंजनों का स्वाद! सीता एक भारतीय पत्नी हैं जो सोचती हैं काश! उन्होंने स्वर्ण-छाल का लालच न किया होता! वह बारंबार स्वयं को ही अपने भाग्य के लिए दोषी ठहराती हैं। कवि के चिंतन के अनुसार सीता ने अपने लिए स्वर्ण-छाल की चाहना नहीं की अपितु अपने पति के लिए अपनी इच्छा को कुछ इस प्रकार प्रस्तुत किया :-

पा स्वर्ण-मृग अद्भुत बनेगी चित्रशाला राम की
सर्वत्र ही होगी प्रशंसा अवध में इस काम की

सीता की यह लालसा कोई अक्षम्य अपराध नहीं था, एक पत्नी के लिए यह एक स्वाभाविक सी लालसा थी जो अनजाने ही इतना बड़ा अपराध बन गई कि इसने सीता के संपूर्ण जीवन को होम कर दिया। सीता का करुणामय परित्याग ही 'सीता : एक नारी' रचना की कथा का प्रमुख सूत्र है। अपनी पवित्रता की अग्नि-परीक्षा देकर सीता ने प्रजा को संतुष्ट कर दिया। वे अयोध्या आ गईं किन्तु स्वयं उनके मन में बीहड़ साँस लेता रहा। सीता के मन की कोमल भूमि में से अनेकानेक नुकीले प्रश्न झाँकते दिखाई देते हैं।

वह जानती, समझती थीं कि राम के मन में उनके प्रति कहीं कोई संदेह नहीं था, वे पत्नी की अखंडित पवित्रता से भी पूरी तरह आश्वस्त थे परन्तु समाज का हित राम के लिए अधिक महत्वपूर्ण था :-

'पर, लोक तो चलता नहीं मेरे, तुम्हारे ज्ञान से'

राम के इस कथन ने राम के तथा पुरुष-समाज के प्रति सीता

के मन में एक असहाय आक्रोश उत्पन्न कर दिया। वह सोचती है, एक ओर रामराज्य और दूसरी ओर पत्नी का तिरस्कार! क्या यह अन्यायपूर्ण व्यवस्था ही राम-राज्य की परिकल्पना है?

निज कर्म के ही साथ वह फल भोगती पर-कर्म का
करता पुरुष दोहन सदा, ले आड़ धर्माधर्म का

कवि ने राम के प्रति भी अपनी संवेदना प्रगट की है जिनको जीवन निस्सार लग रहा है, वे पीड़ित हैं और सीता के बिन रह पाने की विवशता उन्हें क्षुब्ध करती है। वे अपनी प्राणप्रिया के बिन रह पाने के लिए देवताओं से शक्ति की याचना भी करते हैं किन्तु उनका कठोर निर्णय सीता के लिए उनकी अस्मिता का प्रश्न बनकर उपस्थित हो जाता है। आखिर क्यों उसे अपनी शुद्धता का प्रमाण देना पड़ा और अंत में वह शून्य पर आ खड़ी हुई?

क्यों बस परीक्षित नारि होती, नर नहीं होता कभी
भुजबल पुरुष का क्यों कुकृत के पंक धो देता सभी

सीता की आत्मा के कोरे कागज़ को कवि ने अनेकों दूभर प्रश्नों से भर दिया है। ये प्रश्न मानस को झकझोरते हैं एवं सीता के प्रति एक भिन्न दृष्टिकोण से चिंतन करने के लिए विवश करते हैं।

कवि ने नारी का स्वाभाविक मन टटोला और सीता के अस्तित्व को एक साधारण नारी के रूप में प्रतिबिंबित करते हुए कई कारुणिक चित्र उकेरे जिनमें उसके अंतर की असह्य वेदना मानसिक ज्वाला बनकर प्रदर्शित होती है :-

क्या बस परीक्षा ही कसौटी है यहाँ विश्वास की
क्या नारि-जीवन है कथा बस वेदना, संत्रास की

अपनी रचना 'सीता: एक नारी' में संवेदनशील कवि प्रताप नारायण सिंह ने सीता के मनोमन्थन का जो करुणापूर्ण चित्र उभारा है, उसके लिए वे बधाई के पात्र हैं। आज के युग के कवि ने जिस प्रकार सीता की व्यथा को आँका है, यह वास्तव में गौरव की बात है। पाठक पूरी कृति का आस्वादन लेकर ही सीता के मन की गहरी तलहटी में झाँककर उसकी मनोव्यथा को पूर्ण रूप से समझ सकेंगे। मुझे आशा ही नहीं अपितु पूर्ण विश्वास है कि हिन्दी साहित्य-जगत में कवि प्रताप नारायण की कृति 'सीता: एक नारी' का हार्दिक स्वागत किया जाएगा। भविष्य में भी वे लेखन-क्षेत्र में अपना भरपूर सफल योगदान देंगे तथा उन्हें उतरोत्तर सम्मान की प्राप्ति होगी। मैं उनके उज्वल भविष्य की कामना करते हुए उन्हें अपनी अनेकानेक शुभकामनाएँ प्रेषित करती हूँ।

-डॉ. प्रणव भारती

(वरिष्ठ हिन्दी साहित्यकार)

अहमदाबाद

॥ अनुक्रम ॥

॥ प्रथम सर्ग ॥

गाथा पुरानी है बहुत, सब लोग इसको जानते
वाल्मीकि ऋषि की लेखनी के तेज को सब मानते
है विदित सबको राम सिय का चरित-रामायण कथा
वर्णित हुआ मद, मोह, ईर्ष्या, त्याग, तप, दारुण व्यथा

अनुपम कथा यह राम के तप, त्याग औ' आदर्श की
उनके अलौकिक शौर्य, कोशल राज्य के उत्कर्ष की
पर साथ में ही है कथा यह पुरुष के वर्चस्व की
नर-बल-अनल में नारि के स्वाहा हुए सर्वस्व की

लंका विजय के बाद कोशल का ग्रहण आसन किया
श्रीराम ने तब राज्य को लोकाभिमुख शासन दिया
उद्देश्य में था निहित मानव मात्र का केवल भला
नूतन व्यवस्था ने मगर था राज-रानी को छला

बदली व्यवस्था राज्य की, पर सोच तो बदली नहीं
कोशल जनों की मान्यताएँ, रूढ़ियाँ पिछली रहीं
अर्धांगिनी को आमजन-मत जान निष्कासित किया
सम्पूर्ण जीवन के समर्पण, त्याग को शापित किया

सीता विपिन में बैठकर पन्ने विगत के खोलतीं
तर्कों-वितर्कों पर सभी घटनाक्रमों को तोलतीं-
बनकर गरल जो घुल रहा, वह कौन सा अभिशाप है
बड़वाग्नि सा हिय मध्य जलता, कौन सा वह पाप है

उत्तर रहित ही प्रश्न यह, है सामने मेरे पड़ा
है कौन सा दुष्कर्म मेरा फलित हो सम्मुख खड़ा
क्यों घेर लाई है नियति, फिर वेदना की यामिनी
है आज क्यों वनवास फिर से, विवशता मेरी बनी

विधिनाथ से मेरी खुशी, पल भर नहीं देखी गई
किस कर्म का है दण्ड, वन रघुकुल-वधू भेजी गई
था घोर कितना पाप मेरा, दण्ड पाने के लिए
कम पड़ गए चौदह बरस, वनवास जो हमने किए

वन मध्य रह जो दानवों के वेदना मैंने सही
वह आज मन की दग्धता के सामने कुछ भी नहीं
मैं बंदिनी असहाय थी, पर प्रियतमा रघुवीर की
हूँ आज परित्यक्ता, कलंकित, मूर्ति कोई पीर की

फिर से विवश विधि हाथ मैं, कितना प्रबल दुर्भाग्य है
अर्धांगिनी अवधेश की, वनवास को फिर बाध्य है
हा! काल छलना बन गया है आज फिर मेरे लिए
उर बिद्ध करते दंश कोटिक बिच्छुओं के नित नए

सहती रहूँगी दंड कब तक, स्वर्ण मृग के लोभ का
मृग-चर्म ही कारण बना है, आज इस दुःख भोग का
सुंदर सुघड़ अपनी गृहस्थी, बस यही थी कामना
मृग चर्म के प्रति लोभ का मेरे, यही कारण बना

हैं आज भी चलचित्र से वे पल दृगों के सामने
आश्रम बनाया था सघन दण्डक-विपिन में राम ने
पावन मनोरम धाम वह था प्रकृति सुषमा से भरा
आवास को उपयुक्त उससे वन नहीं था दूसरा

श्रीराम, लक्ष्मण संग मैं सुख-शांति से रहने लगी
पर एक पल में छिन गया सब, लालसा ऐसी जगी
मन गत दिनों के कुछ अप्रिय घटनाक्रमों से खिन्न था
अनुभव नया, अब तक हुए सब अनुभवों से भिन्न था

मैं लाड़ली दुहिता जनक की, बस महल तक ही रही
पहले भयावहता कभी थी युद्ध की देखी नहीं
सुन्दर महल, रमणीय उपवन, पुष्करिणियाँ मोहतीं
खगवृंद कलरव बीच सखियाँ हास्य सम्पुट खोलतीं

परिचय यही बस था अभी तक जगत के व्यवहार से
अनभिज्ञ थी बिल्कुल समर के तीर औ' तलवार से
मैं डर गई थी राक्षसी की देखकर विकरालता
विच्छिन्न श्रुति औ' नासिका से रक्त अविरल टपकता

फिर राक्षसों का जो मचा चहुँ ओर हाहाकार था
चारों तरफ से कर्णभेदी उठ रहा हुंकार था
था पट गया नभ अस्त्र-शस्त्रों की सतत बौछार से
गुंजित दिशाएँ हो उठीं कोदंड के टंकार से

श्रीराम, लक्ष्मण के शरों से असुर सब घिरने लगे
फिर छिन्न होकर अंग उनके भूमि पर गिरने लगे
मारे गए खर और दूषण, बाहुबल जिनका बड़ा
शर-बिद्ध होकर शीश उनका भूमि पर था गिर पड़ा

भय का तिमिर जो था घिरा, तत्क्षण उसे प्रभु ने हरा
उन सा धनुर्धारी कहाँ त्रैलोक्य में है दूसरा
सान्निध्य में प्रभु राम के भय ठहरता पल भर नहीं
फिर भी लहू की कालिमा थी खिन्न मन को कर रही

अनभिज्ञ बिल्कुल भी नहीं श्रीराम थे इस बात से
करने लगे थे जतन, होऊँ मुक्त मैं आघात से
आकर निकट मुख म्लान मेरा स्निग्ध अंजलि में लिया
कुम्हला गए मृदु जलज को देकर सुधा सिंचित किया

छूने लगी थी दृष्टि उनकी चक्षुओं को नेह से
अभिसिक्त हिय होने लगा मधु के निरंतर मेह से
बातें जनकपुर वाटिका की औ' प्रथम एकांत की
पहले मिलन पर उल्लसित-सकुचित हुए उर-प्रान्त की

अत्यन्त प्रियकर मधुर वचनों से हृदय को खोलते
अति प्रेम-पूरित शब्द कानों में शहद से घोलते
नव प्रेमियों सा वे प्रशंसा रूप की करने लगे
उपमान लेकर प्रकृति से सम्मुख कई धरने लगे

मैं भाव विह्वल हो उठी, उर पर टिकाया माथ को
फिर कँपकँपाते निज करों से था धरा हरि-हाथ को
हाँ, राम हैं मेरे यही, यह मूर्ति ही मन में पली
इनके लिए ही त्याग कर प्रासाद, मैं वन को चली

मेरे लिए तो महल से सुखकर अधिक है झोपड़ी
श्रीराम रहते सामने मेरे दृगों के हर घड़ी
निज प्राण-प्रिय के साथ रहने से सुखद कुछ भी नहीं
व्यक्तित्व घुलने के लिए एकांत ही होता सही

थे बंद मेरे दृग पटल आनंद के उन्मेष से
प्रिय-उँगलियाँ संवादरत थीं घने मेरे केश से
मैं चाहती थी काल रुक जाए प्रणय की छाँह में
औ' उम्र सारी सिमट जाए उन पलों की बाँह में

जब सिर हटाया वक्ष से कुछ झिलमिलाता सा दिखा
गतिमान हों समवेत मानो सैकड़ों दीपक-शिखा
ओझल हुआ था एक पल, फिर आ गया था सामने
अत्यंत विस्मय से भरी उसको लगी मैं देखने

आकृति हुई फिर स्पष्ट, वह तो दिव्य कोई हरिण था
था चर्म सोने का बना, तन माणिकों से जड़ित था
यूँ तो स्वतः सौंदर्य मृग का मुग्ध करता सर्वथा
फिर दामिनी सा दीप्तिमय वह स्वर्ण का सारंग था

माया कुलाँचे भर रही थी, रूप धर मृग स्वर्ण का
चहुँ ओर फैला था उजाला, सौम्य कंचन वर्ण का
मन प्रेम पाकर सघन, था उल्लास से पहले भरा
अद्भुत, अलौकिक हरिण का सौंदर्य-सुख था दोहरा

आनंद-पुष्कर मध्य पंकज कामनाओं का जगा
मृग चर्म पाने को हृदय था मचलने तत्क्षण लगा
था स्वर्ण प्रिय, लेकिन नहीं आसक्ति थी मुझको कभी
किंचित नहीं दुःख था, चली वन त्याग आभूषण सभी

भौतिक पदार्थों के लिए कुछ मोह था मन में नहीं
था सूक्ष्म अतिशय प्रबल मेरा, सादगी प्रियकर रही
पर भाग्य मेरा क्षुद्र जिसने बुद्धि को था हर लिया
"मृग स्वर्ण का संभव नहीं", यह तक नहीं गुनने दिया

वाहक कई उत्पन्न मन में कर दिया था लोभ के
जो अंततः कारण बने मेरे दुसह दुःख भोग के
मन में उठी थी लालसा तब, देख कंचन-भव्यता
होगा नहीं कुछ भी कहीं, धारण किए यह दिव्यता

उन्माद के अंधड़ कई हिय मध्य थे चलने लगे
फिर स्वप्न कितने गर्व औ' श्रृंगार के पलने लगे
मृग चर्म ऐसा तो हमारे पास होना चाहिए
दुर्लभ नहीं कुछ श्रेष्ठतम जग के धनुर्धर के लिए

नित प्रात-संध्या बैठ इस पर प्रभु कहेंगे श्रुति-कथा
होंगे सुशोभित, किरण रथ पर उदित होते रवि यथा
चर्चा करेंगे नित्य ही सर्वत्र वनवासी सभी
होंगे चमत्कृत देखकर सब सुर, असुर, गन्धर्व भी

सब मात हर्षित देख होंगी चर्म मृग का सुनहरा
होगा नहीं उपहार कोई श्रेष्ठ इससे दूसरा
पा स्वर्ण-मृग अद्भुत बनेगी चित्रशाला राम की
सर्वत्र ही होगी प्रशंसा अवध में इस काम की

मैं रामवश थी, किंतु मेरे राम थे अधिकार में
जीवांश तो हैं एक ही हम, भिन्न बस आकार में
हूँ राम की पत्नी, मगर सीता वही जो राम हैं
हम प्राण एकल, सृष्टि के बस भिन्न दो आयाम हैं

अनुचित उचित कब देख पाती है विकल हठधर्मिता
मति फेर देती ज्ञानियों की भी प्रबल भवितव्यता
निष्फल हुए सतज्ञान के, सब जतन जो हरि ने किए
फिर विवश होकर चल दिए हठ पूर्ण करने के लिए

अवधेश के जाते चतुर्दिक अपशकुन होने लगा
अज्ञात डर के भँवर में, अति-खिन्न मन खोने लगा
सुन आर्त्त -वाणी राम की खोने लगी मैं चेतना
स्वर करुण-अति, पड़ मृत्यु मुख में चीखती ज्यों वेदना

सौमित्र को रक्षार्थ मैंने शीघ्र जाने को कहा
हे लखन! भ्राता राम पर है आ पड़ा संकट महा
फिर भी लखन निश्चल खड़े, किंचित न उनको त्रास था
"श्रीराम तो दुर्जेय हैं" मन में अटल विश्वास था

मारुत, वरुण, यम, चंद्र, सूरज राह अपनी छोड़ दें
काँपे अखिल ब्रह्माण्ड, हरि जो भृकुटि अपनी मोड़ दें
रघुकुल-तिलक की हो करुण चीत्कार यह, संभव नहीं
आलोक मन में सत्य का, किंचित नहीं संशय कहीं

अविचल उन्हें मैं देख भावावेश में बहने लगी
फिर लक्ष्य कर उनका हृदय, अति कटु वचन कहने लगी
छलका रुधिर बन अश्रु, मेरे तीक्ष्ण शब्दाघात से
विचलित हुए तब लखन अनुचित प्राण-घाती बात से

श्रीराम के वहि-प्राण पर आरोप जो मैंने धरे
गंभीर अति अपराध मेरा वह क्षमा से है परे
करते रहे मुझको तिरष्कृत पाप वे मेरे बड़े
हैं आज वे आरोप सारे व्याल से घेरे खड़े

दुर्दिन हुए आरम्भ जो सौमित्र के प्रस्थान से
जलती रही मैं उम्र सारी अनवरत अपमान से
तापस बना, बहुरूपिया लंकेश, मुझको छल गया
कैकेयी की ईर्ष्याग्नि में रघुवंश सारा जल गया

हर जीव बँधता-छूटता, कारण सदा निज कर्म के
संताप औ' सुख भोगता अनुरूप धर्माधर्म के
क्रन्दन कभी भवितव्यता को टाल पाता है नहीं
अधिकार में बस कर्म अपने, भाग्य आता है नहीं

दुर्बुद्धि मुझको ले गई दुःख-दग्ध पारावार में
बस यातना ही शेष थी मेरे लिए संसार में
संताप की वेदी चढ़ी, विरहाग्नि में जलती रही
गुरु-वेदना के नवशिखर मैं नित्य ही चढ़ती रही

निष्प्राण सी जीती रही, उस दुसह कारावास में
निज प्राण को रोके हुए, हरि से मिलन की आस में
पशु-पक्षियों से राह के प्रभु पूछते मेरा पता
आ जायँगे वन, सिन्धु सारे लाँघते पर्वत शिखा

तब भस्म होगी स्वर्ण लंका राम की क्रोधाग्नि में
हो जायँगे स्वाहा सभी राक्षस महा-समराग्नि में
शृंगाल के भोजन बनेगे अंग सब दसशीश के
बस श्वान रोएँगे चतुर्दिक राज्य लंकाधीश के

❖

॥ द्वितीय सर्ग ॥

मेरे लिए जो था प्रतीक्षित वह समय भी आ गया
रण बीच रावण बंधु-बांधव के सहित मारा गया
कम्पित दिशाएँ हो उठीं जयघोष से अवधेश के
विच्छिन्न हो भू पर पड़े थे शीश दस लंकेश के

था मुक्ति का नव सूर्य निकला पूर्व के आकाश में
शीतल समीरण बह चला, नव-सुरभि भरता श्वास में
हरि से मिलन की कल्पना से, हृदय आह्लादित हुआ
मन दग्ध करता अनवरत जो ताप, वह बाधित हुआ

वे धमनियाँ जो सुप्त थीं, उनमें रुधिर बहने लगा
मन पर खड़ा था वेदना का मेरु, वह ढ़हने लगा
अपने अनागत का सुनहला रूप मैं गढ़ने लगी
नूतन उमंगों से भरी, हरि राह मैं तकने लगी

पर प्रभु स्वयं आए नहीं मुझको लिवाने के लिए
कपि-श्रेष्ठ को अनुचर सहित भेजा बुलाने के लिए
यह जानकर उत्साह सब मेरा तुरत खोने लगा
फिर एक नव अज्ञात भय मन में उदित होने लगा

अबला कहाने का कदाचित अर्थ होता है यही
अज्ञात भय से सर्वदा नारी यहाँ शंकित रही
बलहीनता तन की हृदय पर सतत आरोपित हुई
भयभीत मन में नित्य शंकाएँ कई पोषित हुईं

होते हुए मैं बंदिनी, लंकेश को फटकारती
अपनी तपस्या-सिक्त वाणी से उसे धिक्कारती
दुर्दान्त को ललकारता सिय-सत्य बारम्बार था
भयभीत होना शक्ति से मुझको नहीं स्वीकार था

पर उन सभी घटनाक्रमों का ज्ञात है उत्तर नहीं
जो जुड़ गई हैं प्रश्न बनकर व्यक्ति से मेरे कहीं
था मर गया रावण मगर संतुष्टि थी मन में नहीं
कुछ घटित होने की कुशंका थी हृदय में पल रही

हिय-व्योम आच्छादित हुआ उद्विग्नता के मेघ से
अंधड़ कई चलने लगे थे द्वन्द के अति वेग से
संदेह से क्या मुक्त होगी पूर्णतः अब जानकी
क्या सोचती होगी प्रजा, क्या सोच होगी राम की

विश्वास पर सम्बंध जीवन के टिके होते सदा
विष घोलती शंका, हृदय को रुग्ण करती सर्वदा
क्या राम के मन में पुनः होगी वही आत्मीयता
विषधर सदृश यह प्रश्न बारम्बार था फुँफकारता

श्रीराम तो सर्वज्ञ हैं, पर दृष्टियाँ हिय बेधतीं
मुझ पर पड़ेंगी दूसरों की, व्यंग के शर फेंकती
बातें अयोध्या राज्य मे होंगी यही सर्वत्र ही-
"था हरण राक्षस ने किया सीता दशानन घर रही"

मानक चरित के हैं यहाँ पर भिन्न दोनों के लिए
स्वच्छंदता नर को मिली, बहु बंध नारी को दिए
होता पतित नर स्वेच्छया ही, वासना में डूबता
खोती विवश हो पुरूष बल से किन्तु नारी शुद्धता

होते हुए निर्दोष भी समझी गई दोषी यहाँ
नारी रही अधिनस्थ ही, व्यक्तित्व उसका है कहाँ
निज कर्म के ही साथ वह फल भोगती पर कर्म का
करता पुरूष दोहन सदा, ले आड़ धर्माधर्म का

था एक रावण मर चुका, पर दूसरे कितने खड़े
हैं रूढ़ियों के बंध नारी के लिए जग में बड़े
था नाश करके असुर का, मुझको छुड़ाया राम ने
क्या कट सकेगा लोकबंधन, है खड़ा जो सामने

था स्थूल मेरा मुक्त लेकिन सूक्ष्म बंधन-युक्त था
चिर-कालिमा से काल के कब भाग्य मेरा मुक्त था
शंका-कुशंका का हृदय में हो रहा संचार था
आए नहीं क्यों राम? चुभता प्रश्न बारम्बार था

श्रृंगार मेरा कर रही थीं नारियाँ अति नेह से
उठने लगी थी सुरभि नाना पुष्प रस की देह से
नव-वस्त्र औ' स्वर्णादि से फिर गात को सज्जित किया
माला सुशोभित कंठ में, पग में महावर रच दिया

थे केश मंडित पुष्प से, अंजन नयन में भर रहे
था स्वर्ण कुंडल कर्ण में, गुंजन नुपुर थे कर रहे
बहु भाँति सज्जित पालकी थी किंतु मैं पैदल चली
मन में तथा मानस पटल पर मच रही थी खलबली

जाती जहाँ तक दृष्टि, दिखता शीश चारों ओर था
कपि, नर, निशाचर का निरंतर तीव्र उठता शोर था
मैं चाहती थी मिलन हो, प्रिय-प्राण से एकांत में
संवाद के कुछ ज्वार से थे उठ रहे उर प्रान्त में

जितने दिनों तक दूर अपने राम से थी मैं रही
बनकर समय अब धुंध अपने बीच था छाया वही
अन्यान्य लोगों की उपस्थिति में हृदय खुलता नहीं
संकोच, लज्जा बीच अंतर्भाव तो घुलता नहीं

एकांत ही प्रिय-प्राण का हिय जानने को चाहिए
निर्जन जगह उपयुक्त होता, आज मिलने के लिए
मुझको नहीं दुर्जेय राज राम से मिलना वहाँ
औ' असुर-भंजक देव से भी था मुझे मिलना कहाँ

मेरे नयन तो खोजते थे प्राण-प्रियतम राम को
मैं चाहती थी देखना अपने पुरुष अभिराम को
थे जनकपुर की वाटिका में राम जो मुझको मिले
मन मध्य, जिनको देखकर, तत्क्षण कई उपवन खिले

सान्निध्य ही जिनका, चरम सुख सर्वदा मेरे लिए
मैं साथ जिनके चल पड़ी थी, अवध तज वन के लिए
जिनके हृदय की प्रीति मैं, मन का अटल विश्वास थी
उस राम से ही मिलन की, मेरे हृदय में आस थी

जिनसे मिलन की आस में निज अश्रु को पीती रही
मैं शोक-वन में दुसह दुःख सहती हुयी जीती रही
जाने मुझे क्यों लग रहा था राम वे मुझसे कहीं-
हैं खो गए, सम्मुख खड़े यह राम तो हैं वे नहीं

पति का पराक्रम सहज ही होता विषय अति हर्ष का
बनता मगर है प्रेम कारण, हर्ष के उत्कर्ष का
सम्मुख खड़ी मैं किन्तु ऐसा लग रहा अति दूर थी
गंभीर मुख उनका, तनिक आत्मीयता लक्षित न थी

अति शांत थी वह भीड़ भी निज साँस को रोके हुए
'क्या राम कहते हैं', सभी हिय मध्य उत्सुकता लिए
सब चाहते थे देखना विश्रान्त प्रभु के नयन में
आनंद होता प्रस्फुटित, निज प्रियतमा से मिलन में

उनके हृदय में मिलन का आनंद-जल था भर रहा
पर साथ में संताप, दुःख औ' ग्लानि भी था झर रहा
नर-श्रेष्ठ का वह तेज अतुलित दीखता अति क्षीण था
प्रतिक्षण बदलते चेहरे पर भाव कोई थिर न था

अर्धांगिनी से पुनः मिलकर भी थमा आवेग था
थी शुष्क जिह्वा, क्लांत मुख पर उमड़ आया स्वेद था
द्वय-चक्षु उनके भर गए, मुझको निरखकर भीड़ में
ज्यों नील सागर सिमट आया था नयन के नीड़ में

उद्विग्न मन उनका कदाचित लोक भय से ग्रस्त था
दुर्भाग्य अपराजित सिया का कर रहा हिय त्रस्त था
सबके लिये जो था प्रतिक्षित, मौन वह मुखरित हुआ
कातर दृगों ने राम के था चक्षु को मेरे छुआ

अभिसिक्त होकर भावना से शब्द थे बहने लगे
मुझको तथा उस भीड़ को कर लक्ष्य वे कहने लगे
सीते! हमारे शत्रुओं का नाश पूरा हो गया
दुर्दान्त रावण कुल सहित है काल-मुख में खो गया

उनके शवों पर रुदन को भी शेष है कोई नहीं
ठंडी हुई, जो अग्नि थी मन में निरंतर जल रही
मेरा पराक्रम सफल औ' पुरुषार्थ अकलंकित रहा
रघुवंशियों का शौर्य स्वर्णिम वर्ण से अंकित रहा

कोई विधर्मी कर सका है धर्म का कब सामना
अन्यायियों का नाश ही तो न्याय की है स्थापना
इस लोक-शिक्षण के लिये भी खल-दमन अनिवार्य है
रघुवंश का अपमान कब मेरे लिये स्वीकार्य है

रण में विजय से तो अधिक अभिनंदिनी कुछ भी नहीं
है वीरता खुद आज अभिनन्दन हमारा कर रही
जयकार मेरा कर रहा वैकुण्ठ औ' भू-प्रान्त है
लेकिन खुशी के इन क्षणों में भी नहीं मन शांत है

अपहृत हुई निज प्रियतमा के मिलन से भी मन नहीं-
हर्षित हुआ, है चुभ रहा कुछ शूल सा उर में कहीं
सीता नहीं मेरे लिये है आज रघुकुल कामिनी
ज्यों कांति खोकर व्योम से भू पर गिरी हो दामिनी

कैसे बनेगी, पर-पुरुष-घर जो कभी नारी रही-
रघुवंश की फिर कुल-वधू, स्वीकार यह होगा नहीं
वर्जित हुआ है आज जिसका स्पर्श भी मेरे लिये
अर्धांगिनी कैसे करूँ स्वीकार मैं तुमको प्रिये

यद्यपि नही संदिग्ध है सिय की अखंड पवित्रता
तप जनित अतुलित तेज को भी मैं तुम्हारे जानता
पर लोक तो चलता नहीं मेरे-तुम्हारे ज्ञान से
जो प्रस्फुटित, संपृक्त हिय के प्रेम के प्रतिदान से

जन-मान्यताएँ, नीतियाँ कोशलपुरी की रोकतीं
स्वीकारने की ये तुम्हें, मुझको न देतीं अनुमती
फिर से तुम्हें मैं पा सकूँगा ज्ञात है मुझको नहीं
क्या इस महासंग्राम का परिणाम होना था यही

हर क्षण तुम्हारी खोज में औ' युद्ध के मैदान में
बनकर सदा तुम प्रेरिका थी विद्य मेरे प्रान में
यदि यह न होता तो कभी उत्साह रह पाता नहीं
तुमसे मिलन की आस बिन यह दुर्ग ढ़ह पाता नहीं

मैं सोचता-रावण अधम मिल जाए यदि मुझको कहीं
सिर काट दस कन्दुक सदृश नभ में उछालूँ मैं वहीं
उसके करों को नोच दूँ, फिर वक्ष पर मैं पग धरूँ
अति रोष-पूरित रूद्र जैसे अनवरत ताण्डव करूँ

मारा गया दुर्दांत, थी उस अधम की परिणति वही
रघुकुल प्रतिष्ठा विषम-अति परिवेश में रक्षित रही
पर इस विजय के बाद भी, मन आज दुर्बल हो रहा
निस्सार सा लगता जगत, उत्साह सारा खो रहा

जिसके लिये भीषण हुआ रण, वह प्रिया है सामने
पर विवशता मेरी प्रबल, देती नहीं स्वीकारने
उसको करूँ अब पुनः अंगीकार मैं, साहस नहीं
सिय के बिना मेरे लिए जग में नहीं कुछ भी कहीं

शिव के धनुष को तोड़, मैंने प्राप्त था तुमको किया
मेरा सदा सुख और दुःख में साथ है तुमने दिया
फिर आज धनु ही प्राप्ति का साधन बना मेरे लिए
पर विवश हूँ विधि-हाथ मैं परित्याग करने के लिए

अतिरिक्त सिय के नारि कोई स्वप्न में आई नहीं
सुख-मेघ सी मन-प्राण पर तुम ही सदा छाई रही
अब तो हृदय मेरा रहेगा दाह- सिक्त अतृप्त ही
पर्यन्त-जीवन स्थान सीता का रहेगा रिक्त ही

मैं रह सकूँ सीता बिना, दें शक्ति मुझको सुर सभी
है पार करना लोकरण कोशल सहित मुझको अभी
जब मात इच्छा जानकर पत्नी सहित वन को चला
सम्मान अति मेरे लिए जन-जन-हृदय में था पला

अब कौन सा मैं मुख लिए सीता-रहित जाऊँ वहाँ
सब लोग पूछेंगे यही--हे राम, सीता है कहाँ?
वापस अयोध्या लौटकर जाऊँ भला किसके लिए
सीता बिना मरघट बनेगा अवध अब मेरे लिए

अगणित चिताएँ जल रही होंगी हृदय-आकाश में
बस प्रेत घूमेंगे चतुर्दिक राम के रनिवास में
रुँधने लगा उनका गला औ' चक्षु भी झरने लगे
जो थे खड़े सब लोग हाहाकार वे करने लगे

अवधेश का वह वचन वज्राघात मुझ पर कर गया
मूर्छित हुई मैं, धुंध हृदयाकाश में था भर गया
मुझको प्रतीक्षा उस समय थी लखन की क्या प्रतिक्रिया-
होती, सदा अन्याय का प्रतिकार लक्ष्मण ने किया

वन में भरत के, अवध में निज तात के प्रतिरोध में
की गर्जना थी जनकपुर में उठ खड़े थे क्रोध में
पर आज क्यों तुम सिर झुकाए इस तरह से मौन हो
रघुवीर के अन्याय के प्रतिकार में कुछ तो कहो

थे तिलमिला उठते सदा, अन्याय कब तुमने सहा
पर वह तुम्हारा चिर अखंडित क्रोध इस पल है कहाँ
हे शेष! क्रोधित फन तुम्हारा आज क्यों उठता नहीं
क्यों आचरण इस पल तुम्हारा पूर्व सा दिखता नहीं

अति रोष-प्रिय औ' स्पष्ट-वक्ता ही तुम्हें सब जानते
अन्याय-रोधी व्यक्ति मिथिला, अवध में सब मानते
पर आज उर्जित तन्तु क्यों हैं संकुचित लगते सभी
यूँ लग रहा पाताल जाना चाहते हो तुम अभी

सहना धरा का भार तो आसान होता है बड़ा
अतिशय कठिन पर साथ जग में सत्य के होना खड़ा
है और उससे भी कठिन तो न्याय मेरे प्रति यहाँ
अन्याय का प्रतिकार, नारी के लिए होता कहाँ

बस राम के प्रति हो रहा अन्याय तुमको दीखता
पर राम के अन्याय से क्यों उर नहीं है भींचता
इस मौन का उत्तर लखन तुम दे न पाओगे कभी
यह मुँह छुपाओगे कहाँ, जब प्रश्न पूछेंगे सभी

सीता, तुम्हारी पूज्य भाभी आस तुमसे खो रही
क्यों आज मर्यादा-पुरूष को सत्य समझाते नहीं
सौमित्र गुमसुम अनमने से मौन हो बैठे रहे
अतिशय व्यथित थे, पर समर्थन में नहीं कुछ भी कहे

मुझको लगा पैरों तले धरती खिसकती जा रही
आकाश में मैं झूलती अस्तित्व मेरा कुछ नहीं
जिस प्राण को मैं थी अभी तक यत्न से रोके रही
तत्काल ही तज गात मेरा चाहता जाना वही

थी मैं अभी तक जी रही बस राम की ही आस में
होगा मिलन उनसे कभी तो बस इसी विश्वास में
पर आज जब परित्याग ही मेरा उन्होंने कर दिया
मेरी सुकोमल कीर्ति पर है आज अपयश धर दिया

अब राह कोई भी नहीं मेरे लिए तो शेष है
करना वरण ही मृत्यु का, अंतिम बचा उद्देश्य है
पर मृत्यु तो केवल मिटा सकती हमारे गात को
कैसे मिटेगा दाग, करता दग्ध मेरे माथ को

है मृत्यु तो उत्तर नहीं, यह है पलायन प्रश्न से
निर्दोषिता होगी प्रमाणित तो नहीं इस यत्न से
देनी मुझे होगी परीक्षा, पंक धोने के लिए
वर्चस्वता ने पुरुष के जो दाग माथे पर दिए

उनके लिए भी जो रहीं निर्दोष, होकर बन्दिनी
इस भ्रष्ट सामाजिक व्यवस्था के अनल ने हवि बनी
तपना पड़ेगा आग में, जब चाहते नरपति यही
मेरे समर्पण, त्याग की विधि ने लिखी परिणति यही

संकेत पाकर प्रज्वलित तब अग्नि लक्ष्मण के किया
उठती शिखाओं ने मुझे निज अंक में था भर लिया
पर जल न पाई अग्नि में मैं और जल सकती न थी
सहना बहुत कुछ था मुझे, यह वेदना अंतिम न थी

सब देव, दानव, मनुज, वानर अवनि औ' आकाश से
करने लगे जयकार मेरा भर नए उल्लास से
सब लोग श्रद्धा और आदर से मुझे तकने लगे
तुरही, नगाड़े, ढोल चारों ओर ही बजने लगे

पर मैं मनोहत हो उठी, मन में वितृष्णा भर गई
व्यक्तित्व मेरा जल चुका था, प्रश्न थे सम्मुख कई
क्या बस परीक्षा ही कसौटी है यहाँ विश्वास की
क्या नारि-जीवन है कथा बस वेदना, संत्रास की

विद्रोह सा उठता हृदय में, प्रश्न था यह बेधता
अनिवार्य क्यों, करना प्रमाणित है अनल से शुद्धता
क्यों बस परीक्षित नारि होती, नर नहीं होता कभी
भुजबल पुरुष का क्यों कुकृत के पंक धो देता सभी

भगिनी, सुता, माता, बधू सम्बंध के इस बंध से
शोषित हुई नारी सदा ही पुरूष के छलछंद से
अबला बनी वह पुरूष-अत्याचार सब सहती रही
बस कोसती दुर्भाग्य को, खुद अश्रु बन बहती रही

❖

॥ तृतीय सर्ग ॥

स्वीकार करती बंध जब, सम्मान नारी का तभी
होती प्रशंसित मात्र तब, संतुष्ट जब परिजन सभी
भ्राता, पिता, पति, परिजनों की दासता में रत रहे
होती विभूषित नारि जो मन की नहीं अपने कहे

उसके लिए इच्छा-अनिच्छा व्यक्त करना पाप है
जीवन जगत में नारि का कोई बड़ा अभिशाप है
बस कष्ट ही तो नीतियों के नाम पर उसने सहा
मरजाद के निर्वाह का दायित्व उस पर ही रहा

मैंने बचा ली लाज सहकर ताप, जो रघुवंश की
हर्षित सभी, सुधि थी किसे मेरे हृदय के दंश की
अभिभूत थे श्रीराम मेरे हो रहे यशगान से
संतप्त था जो मुख, हुआ दर्पित पुनः अभिमान से

जो बुझ गए थे उन दृगों में उतर आई कांति थी
उन्मन हुए हिय प्राण में अब एक अद्भुत शांति थी
हम चल दिए कपिगण सहित वापस अयोध्या के लिए
लंकाधिपति प्रभु-चरण में पुष्पक सहित प्रस्तुत हुए

चौदह बरस वनवास ने जो घाव थे मन पर दिए
प्रभु स्नेह-वर्षा कर रहे उनको मिटाने के लिए
जिससे अयोध्या लौटने पर पूर्णतः मन स्वस्थ हो
वनवास के दुःख से न अंतःपुर अवध का ग्रस्त हो

पर उस समय अत्यन्त मैं आक्रांत थी निज शोक से
निष्प्राण, निश्चल और थी निर्लिप्त मैं इस लोक से
अज्ञात तो उनको न थी मेरी सघन संवेदना
हिय व्योम पर जो था प्रदाहित मेघ आच्छादित घना

करने लगे हरि जतन सब, मन वेदना से मुक्त हो
कोशल पहुँचने पर नवल आनंद से हिय युक्त हो
रमणीक आश्रम, वन, नगर, जो भी मिले थे राह में
हमने वहाँ विचरण किया नव अनुभवों की चाह में

जाते समय हम निर्वसित, पैदल तथा असहाय थे
कर प्राप्त लंका पर विजय अब शक्ति के पर्याय थे
संपन्न होकर थे चले नव तेज, बल, उल्लास से
आशीष पाकर ऋषिजनों का भर नए विश्वास से

सान्निध्य वनचर रीछ वानर का रहा शिक्षण बड़ा
श्रीराम में वनवास से विकसित हुई नवधारणा
दशरथ, नहुष, शिबि, रघु तथा सब पूर्वजों के राज्य से
श्रीराम का नव-राज होगा भिन्न हर साम्राज्य से

क्योंकि गरीबी का नहीं था ज्ञान पुस्तक से लिया
सामान्य जन के साथ ही चौदह बरस उसको जिया
था शोक, दुःख, संताप सब कुछ राम ने वन में सहा
आश्रय बनी थी झोपड़ी, प्रस्तर सदा शय्या रहा

वे सूक्ष्मतर संवेदनाओं से प्रजा के भिज्ञ हैं
अति स्नेह, करुणा से भरे; श्रुति, शास्त्र के वे विज्ञ हैं
उनके दया औ' शील से हैं जगत में अवगत सभी
होगा न कोई भूमि पर उन सा प्रजा-पालक कभी

थे चिर-प्रतीक्षारत अयोध्या जन खड़े सब राह में
आँखें बिछाए वे हमारे दर्शनों की चाह में
मन में भरा उल्लास, अर्पित कर रहे पुष्पांजली
दुल्हन बना था अवध, चारों ओर थी दीपावली

फिर नव दिवस के साथ ही तैयारियाँ होने लगीं-
श्रीराम के अभिषेक की; नव स्फूर्ति थी सब में जगी
तापस भरत को राज्य-संचालन नहीं स्वीकार था
होते उपस्थित राम के, जिनका प्रथम अधिकार था

बनकर तपस्वी था उन्होंने अवध का पालन किया
परित्याग जीवन के सभी भौतिक सुखों का कर दिया
रहते हुए भी अवध में वनवास ही सहते रहे
श्रीराम के वनगमन का नित शोक वे करते रहे

चौदह बरस जिसकी प्रतीक्षा में उन्होंने तप किया
आया समय जिसके लिए इतना कठिन था व्रत लिया
बरसों बरस से चल रही थी यामिनी अब कट चुकी
लांछन लगा था वन गमन का, कालिमा वह हट चुकी

था निज तपस्या से भरत ने अवध को सिंचित किया
श्रीराम को समृद्ध, उर्वर राज्य हस्तांतरित किया
गणमान्य जन, कुलगुरु तथा निज परिजनों के सामने
था राज्य-पालन का लिया संकल्प प्रभु श्रीराम ने

अभिषेक के उपरांत मंगल कामना करते हुए
होकर प्रफुल्लित अवध से प्रस्थान सब राजा किए
आरम्भ फिर जीवन हुआ था, साथ नव-दायित्व के
नूतन व्यवस्था के क्रियान्वयन और स्थायित्व के

अब तक रहा था राज्य संचालन नृपों के हाथ में
पर राम चलना चाहते लेकर प्रजा-मत साथ में
जिससे सभी के पास ही अभिव्यक्ति का अधिकार हो
हित आम जन का, राज्य के उत्कर्ष का आधार हो

दुःख क्लेश की छाया कहीं भी राज्य में किंचित न थी
खुशहाल कोशल की प्रजा होती कभी चिंतित न थी
अनुरक्त नित गुरु शिष्य रहते पठन-पाठन में जहाँ
थे नित्य ही आचार्य, ऋषिजन शास्त्र मंथनरत वहाँ

"धन, शस्त्र, भुजबल का प्रदर्शन था नहीं बिल्कुल कहीं
यद्यपि कमी संपन्नता औ' वीरता की थी नहीं
सत-धर्म और समाज स्वीकृत आचरण करते सभी
मन में किसी के द्रोह, ईर्ष्या, छल नहीं उपजा कभी

वंचित न था रनिवास भी आमोद औ' परिहास से
था सकल अन्तःपुर भरा ऐश्वर्य और विलास से
निज परिजनों का स्नेह, सघनित प्यार प्रियतम का लिए
आनंद के हम नित्य ही सोपान चढ़ते थे नए

पर देख कुब्जा मंथरा को, विगत बातें चित्र सी
मानस पटल पर उभर आतीं, बेधतीं उर भित्त सी
फिर नक्कटी विकृत सुपनखा सामने होती खड़ी
संस्पर्श से ही मात्र जिसके विकट विपदा आ पड़ी

जो राक्षसी कारण बनी मेरे दुसह दुःख भोग का
है आज भी पीछे पड़ी विच्छिन्न उसकी नासिका
मारे गए सहचर सभी, वह किंतु पीछा कर रही
छितनार हो वह नाक मन में कालिमा है भर रही

चिपटी नखें, उसका शृगाली सदृश मुख फैला हुआ
श्रुति, नासिका से रक्त अविरल दीखता बहता हुआ
मैं सिहर जाती देख उसके बदन की वीभत्सता
भय-राहु हृदयाकाश में मन-चंद्रमा को लीलता

अपरुपता तो है स्वयं ही व्याधि अपने आप में
कुंठा स्वयं गलती, गलाती और को निज ताप में
सुख, शान्ति, वैभव दूसरों का चाहता है वह कहाँ
जो व्यक्ति निज कमजोरियों से ही सदा कुंठित रहा

रघुवंश को निज ताप, कुंठा से गला दी मंथरा
सुख देख मेरा, राम का, हिय कष्ट से उसका भरा
ईर्ष्या हुई थी प्रस्फुटित हिय मध्य ले ज्वाला घनी
वनवास के अभिशाप का कारण हमारे जो बनी

दुःख पूर्ण जीवन देखना ही नीच मन की वृत्ति है
बस छटपटाहट अन्य की, उनके अहं की तृप्ति है
श्रीराम के अभिषेक से अतिशय व्यथित वह आज है
उसको उतरता दीखता वर्चस्व का अब ताज है

अस्तित्व अपना आज उसको भँवर में है दीखता
पर सहज छोड़ेगी नहीं निज दंभ-पूर्ण वरिष्ठता
कोई बदल सकता नहीं है मंथरा के भाग्य को
पर मंथरा है बदल सकती राम के इस राज्य को

हैं मंथरा के कुब्ज पर हँसते अयोध्याजन अभी
कुब्जा हँसेगी, कुब्ज कर सम्पूर्ण जनता को कभी
उसका समर्पण मात्र कैकेयी भरत के प्रति यहाँ
क्यों मोह होता अवध से, पारंपरिक दासी कहाँ

है स्वार्थ का वटवृक्ष ढँककर हृदय को उसके खड़ा
श्रीराम-सिय के शील से भी स्वार्थ उसका है बड़ा
मन में कुटिलता, चित्त में विद्वेष का कटु पाश है
नित लोचनों में विहँसता उसके अवध का नाश है

❖

॥ चतुर्थ सर्ग ॥

सहकर थपेड़े अंधड़ों के अनगिनत रहता खड़ा
खंडित न होता काल से, बल प्रेम में होता बड़ा
पहले मिलन पर प्रीति की जो अंकुरित थी वह लता-
लहरा उठी पा विपिन में सानिध्य-जल की प्रचुरता

सिंचित हुई संपृक्त दोनों के हृदय-अनुभूति से
बढ़ने लगी थी नित्य-प्रति लगकर मृदुल उर-भीति से
लेकिन प्रदाहित वात से थी समय के मुरझा गई
पहले हरण फिर सति-परीक्षा, नित्य विपदाएँ नई

विच्छोह के बीते दिवस, हिय-गात अपने फिर मिले
अनुकूलता पाकर पुनः उसमें नए पल्लव खिले
फिर प्रस्फुटित होकर कली थी एक मुस्काने लगी
अनुपम, अलौकिक गंध से तन-प्राण महकाने लगी

आयाम यह बिलकुल नया मेरे लिए व्यक्तित्व का
था कल्पना से भी परे अहसास वह मातृत्व का
आनंद का सागर हिलोरें मारने उर में लगा
प्रभु-प्रेम का शशि था झुका; सुख-ज्वार था उठने लगा

अंतस्थ, वहिरत राम ही, मैं राम-मय थी हो गई
फिर पल्लवित होने लगीं हिय मध्य इच्छाएँ कई
सान्निध्य का ऋषि, मुनिजनों के; प्रकृति के संस्पर्श का
पाना शुभाशीर्वाद निज संतान के उत्कर्ष का

यद्यपि प्रथम मैं चाहती थी तातश्री के साथ ही-
जाना जनकपुर, राम के अभिषेक के उपरांत ही
वे पुष्करिणियाँ, वाटिकाएँ, खेलती जिनमें कभी
चलचित्र सी मानस-पटल पर उभर आई थीं सभी

अमराइयों में भ्रमण की थी चाह मन में उठ रही
यात्रा जनकपुर की वृहद, थी उस समय संभव नहीं
मातृत्व सुख के साथ ही पितृत्व सुख होता जुड़ा
संतान का मुख देखने को व्यग्र नर होता बड़ा

पति-प्रेम की ऐसे समय में सहज बढ़ती तीव्रता
हर कामना अर्धांगिनी की पूर्ण करना चाहता
फिर राम तो थे श्रेष्ठतम नर; एक पत्नी व्रत लिया
उत्पन्न होने से प्रथम हर चाह को पूरा किया

देना तथा पाना यही तो नियम है संसार का
है माँग औ' आपूर्ति ही आधार हर परिवार का
हर्षित हृदय था, वन-भ्रमण की माँग जो स्वीकृत हुई
मन में प्रकृति-सौंदर्य की गतिमान स्मृतियाँ कई

वैसे भला क्या कामना हो शेष, श्रीहरि-संधि में
है कामना का ज्वार उठता न्यूनता के अब्धि में
वे सकल जग के कामहर्ता, स्नेहमय, सम्पूर्ण हैं
संस्पर्श से ही मात्र जिनके जीव होता पूर्ण है

प्रस्तुत हुए फिर एक दिन सौमित्र उन्मन मन लिए
मुख म्लान, आभा-मुक्त, चिंतित भाल, मुख नीचा किए
तद्यपि सघन उद्विग्नता के बीच दर्शित हास था
राज्यनुशासित, स्वर्ण-मुद्रित हास जो उनका न था

उल्लेख कर दोहद हमारे भ्रमण का ऋषि-धाम की
अवगत कराए वन-गमन की स्वीकृति से श्रीराम की
मैं पूर्ण होते देख अपनी बहु-प्रतीक्षित कामना-
हर्षित हुई, मन व्योम पर उतरा शरद का चंद्रमा

मुनियों तथा गुरुकुल-जनों को भेंट के सुविचार से
बहु वस्त्र, आभूषण, सरस फल, रथ भरा उपहार से
उत्ताल उच्छल हिय-सरोवर, हर्ष से होने लगा
फिर मन वहाँ की कल्पनाओं में विविध खोने लगा

शास्त्रार्थ, वार्ता औ' कथा, अत्यन्त रुचिकर गान भी
समवेत स्वर में सांध्यवंदनरत वहाँ ऋषि, मुनि सभी
खगवृन्द के कलरव मधुरतम श्रव्य होंगे मध्य वन
अभिसंचरित होगा नवल आनंद मन में अति सघन

सुषमा प्रकृति की, वन्य जीवन की सरलता मोहती
कल कल प्रवाहित सरित की उन्मुक्तता अति सोहती
बहु रंग के खिलते सुमन पर मधुर गुंजन भ्रमर का
तरुपर्ण से छनती मही पर शुभ्र उज्ज्वल चन्द्रिका

यद्यपि भ्रमण-सुख अधिकतम होता पिया के संग ही
लेकिन प्रजापालन-नियम देता उन्हें अनुमति नहीं
थी हो चुकीं तैयारियाँ सब पूर्ण जाने के लिए
अति उल्लसित थी मैं नवल आनंद पाने के लिए

लक्ष्मण प्रतीक्षारत खड़े, अनुपस्थिति थी राम की
छवि साथ लेकर, चाहती जाना, नयन अभिराम की
है रुद्ध कर देती सदा लोकेषणा, कामेषणा
अब तो प्रजा का कार्य ही उनके लिए सबसे बड़ा

संभव नहीं अति देर तक था राह उनकी देखना
वन भ्रमण के उपरांत संध्या तक मुझे था लौटना
अब तो मुझे अविलम्ब ही प्रस्थान करना चाहिए
सौमित्र, रथ औ' सारथी कब से खड़े मेरे लिए

पर आज लक्ष्मण का हृदय क्यों दीखता अति क्लांत है
मुख मलिन, ऐसा लग रहा भय से किसी आक्रांत है
हैं आज वे प्रस्थान को प्रस्तुत नहीं, यूँ लग रहा
अतिशय शिथिल, ज्यों भार उन पर आ पड़ा कोई महा

हैं किन्तु वे तैयार, होगा भ्रमित मेरा चित्त ही
हर कार्य होता लखन का सिय-राम-हर्ष निमित्त ही
चौदह बरस श्रीराम की सेवा तपस्या सी रही
पर आज तक आलस्य किंचित भी दिखाया था नहीं

हैं आज भी तैयार वे तो, देर मैं ही कर रही
थी दर्शनों के राम की इच्छा हृदय में भर रही
अब और ना हो देर, मैं रथ की तरफ बढ़ने लगी
तब चक्षु बाईं फड़क कर इंगित विषम करने लगी

क्यों अपशकुन सा हो रहा, ज्यों कुछ कहीं प्रतिकूल हो
मैं जा रही सत्कार्य में; हे देव सब अनुकूल हो!
जब साथ हों सौमित्र ही तब अपशकुन कैसा भला
है शक्तिशाली इस धरा पर कौन उन जैसा भला

मारुति, गरुण, गजराज का बल सामने टिकता नहीं
बलवीर कोई लखन सा त्रैलोक्य में दिखता नहीं
तप-तेज उनका, कौन है जग में, नहीं जो जानता
अति कोप को उनके सकल ब्रह्माण्ड ही है मानता

यह भ्रान्ति ही होगी, कदाचित मन नहीं कुछ स्वस्थ है
जलवायु अब प्राचीर का करता मुझे अस्वस्थ है
चौदह बरस तक झोपड़ी औ' वृक्ष ही आवास था
उन्मुक्तता का प्रकृति की अब हो गया अभ्यास था

उस वायु के अनुकूल ही था गात मेरा हो गया
कोशल नगर का अब मुझे वातावरण लगता नया
आश्वस्त होकर चल पड़ी भरकर नए उत्साह से
अति उल्लसित मन हो रहा था वन भ्रमण की चाह से

था किन्तु अब भी लग रहा कि लखन हैं कुछ अनमने
थी चक्षु में निरपेक्षता, कुछ भाव मुख पर थे घने
शीतल समीरण बह रहा था सुरभि को भर अंग में
चहुँ ओर शोभित हो रहे थे सुमन दल बहु रंग में

मोहक बहुत तरु-शाख पर समवेत खग का चहकना
संज्ञान में पर थी नहीं, उनके प्रकृति-अभिव्यंजना
मैं जानती थी रोष उनका, और परिचित हास था
देखी हुई थी गर्जना, अज्ञात कब परिहास था

झुँझला उठे थे, शब्द कटु आघात जब मेरे किए
वन में कहा था राम के रक्षार्थ जाने के लिए
थी ज्ञात लक्ष्मण की मुझे तो शिष्टता, शालीनता
पर आज से पहले कभी लक्षित न थी यह मलिनता

मरघट बना मुख, मृत्यु जैसी शांति उस पर पल रही
ज्यों भावनाओं की निरन्तर अर्थियाँ हों जल रहीं
था दिवस के पूर्वान्ह तक भागीरथी तट आ गया
उस पार विस्तृत अति सघन वन हृदय को हर्षा गया

पावन मनोरम विपुल जल था सामने लहरा रहा
रथ से उतर हम मात-वंदन के लिए पहुँचे वहाँ
सौमित्र जब जल-पान करने को हुए तट पर खड़े
कुछ अश्रु-जल कातर नयन से गंग जल में चू पड़े

मेरे हृदय में एक शंका तड़ित सी तत्क्षण झरी
है बात क्या, जो लखन जैसे वीर की आँखें भरीं
क्या भेद है इस मौन का, यह दुःख उन्हें किसने दिया
वह कौन सा है घात जिसने लखन को विचलित किया

कोई कहीं दुःख तो नहीं श्रीराम पर है आ पड़ा
या राज्य पर मँडरा रहा कोई कहीं संकट बड़ा
हिय में खड़े थे फन उठाए व्याल शंका के नए
पर मौन ही छाया रहा, हम पार गंगा कर गए

तट पर उतर सौमित्र के मुख ओर जब की दृष्टि थी
था म्लान मुख, अविरल दृगों से अश्रुजल की वृष्टि थी
मुख दीप्त रहता सूर्य सा, क्यों आज इतना क्लांत है
हैं उभर आये स्वेद कण औ' गात क्यों विश्रांत है

अति दग्ध दिखता है हृदय, व्याकुल बहुत ही चित्त है
हा! रो रहे हैं लखन, यह पीड़ा नहीं अनिमित्त है
पड़ने लगा तन शिथिल, सब उत्साह था खोने लगा
अज्ञात भय से हृदय मेरा ग्रस्त था होने लगा

कुछ तो हुआ है घटित ऐसा ज्ञात जो मुझको नहीं
क्या नियति तो फिर से नहीं है जाल कोई बुन रही
हे लखन भ्राता! कुछ कहो क्यों हो व्यथित, क्या बात है
जो ध्वंस हिय का कर रहा वह कौन सा आघात है

जो शूल सी है चुभ रही, वह कौन सी है वेदना
है कष्ट आखिर कौन सा जो अश्रु का कारण बना
हे वत्स कह दो सत्य क्या है, शपथ तुमको राम की
संकट घिरा अब कौन सा, अनभिज्ञ जिससे जानकी

तुमको शपथ माता सुमित्रा की तथा कुलदेव की
कारण कहो क्या है तुम्हारे चित्त के दुःख-मेरु की
मेरे वचन सुन, नयन उनके मेह से झरने लगे
धरकर चरण रुँधते गले से निज व्यथा कहने लगे

"हे मात! मैं हूँ विवश वह अपराध करने के लिए
सौ-सौ नरक भी कम पड़ेंगे पाप हरने के लिए
है जानकर सेवक मुझे यह कार्य राजा ने दिया
सम्पूर्ण मेरे जन्म भर के सुकृत का है क्षय किया

होगा उल्लंघन राज-आज्ञा का, न जो पूरा करूँ
औ' जो करूँ, जन्मान्तरों तक नर्क में जलता मरुँ
हिय वेदना से भर रहा, मेरे लिए यह दुःख बड़ा
ज्यों विष रगों में उतरता, यह मृत्यु जैसी यंत्रणा

है रोक सकती मृत्यु ही अब तो मुझे इस कार्य से
करना वरण ही काल का है श्रेष्ठ तो दुष्कार्य से
पर मृत्यु भी मुझ से नराधम को सहज आती कहाँ
जलता रहूँगा उम्र भर पापाग्नि में मैं तो यहाँ

मैं हूँ विवश अति आज ढ़ोने के लिए इस पाप को
आज्ञा मिली है लौट जाऊँ छोड़ कर मैं आप को
साम्राज्य की सीमा परे, वनवास करने के लिए
चिरकाल तक वन में अकेले ही विचरने के लिए

लोकापवादों से हुआ अवधेश का मन ग्रस्त है
कोशल-जनों की रूढ़ियों से हृदय उनका त्रस्त है
हैं बाध्य कोशल-नीतियों का मान रखने के लिए
अतिशय विवश हैं आपका परित्याग करने के लिए

जो मेघ था उर पर घिरा वह फूटकर झरने लगा
मन, प्राण में अति दग्ध, तापित ज्वाल सा भरने लगा
मैं दे चुकी थी सति-परीक्षा सकल जग के सामने
स्वीकार मुझको कर लिया था उस समय श्रीराम ने

क्या अब नहीं पर्याप्त वह निर्दोष होने के लिए
भेजी गई वन, कौन सा अब पाप धोने के लिए
क्या राम के मन में कहीं संशय अभी भी पल रहा
संदेह की बड़वाग्नि से क्या हृदय उनका जल रहा

हैं प्राण-प्रिय पतिदेव, मैं अर्धांग उनको मानती
पर आज ऐसा लग रहा किंचित नहीं मैं जानती
यदि राम के मन को कुटिल संदेह ने था धर लिया
आधान निज संतान का फिर क्यों भला मुझमें किया

कारण अभी तक था बना क्या रुप, अंगीकार का
क्या क्षेत्र लोभी राम हैं? क्या क्षय हुआ आचार का?
दे दी मुझे अनुमति नहीं क्यों युद्ध के उपरांत ही
मैं जल मरी होती परीक्षा-अग्नि में वन-प्रान्त ही

जिस गात को परिजन तथा पति मानते अपवित्र हैं
जीवित रहे वह गात, अब कोई नहीं औचित्य है
नित धर्म साधन हेतु ही इस देह का बस अर्थ है
हो धर्म च्युत जो जगत में अस्तित्व उसका व्यर्थ है

पुनि-पुनि मिलेगा गात लेकिन धर्म फिर मिलता नहीं
है कीर्ति अति कोमल, मिटा देता तनिक आघात ही
दुर्दांत रावण भी जिसे बल से न खंडित कर सका
क्षण मात्र को भी लोभ, भय हिय पर नहीं पग धर सका

व्यक्तित्व ही सम्पूर्ण, निज पति ने कलंकित कर दिया
संदेह की ज्वाला, अखण्ड सतीत्व पर है धर दिया
सौमित्र! तुम निर्दोष हो, है क्षुद्र मेरा भाग्य ही
सम्राट पति मुझको मिला, फिर भी भिखारिन ही रही

अब मोह जीवन, जगत का मुझमें न किंचित शेष है
मेरे लिए दूषित हुआ संसार का परिवेश है
कैसे तजूँ मैं पुत्र को पर देह में जो पल रहा
यदि साथ लेकर मर गई तो पाप यह होगा महा

यह जन्म से ही पूर्व मेरे साथ निष्कासित हुआ
वनवास को है विवश, क्या अपराध आरोपित हुआ
दण्डित हुआ है भ्रूण, कैसा राम का यह न्याय है
निष्पाप, स्व-वंशी प्रजा को दण्ड!..अति अन्याय है

लक्ष्मण खड़े उद्विग्न, अविरल अश्रु-जल था बह रहा
करते हुए संयत उखड़ती साँस को, मुझसे कहा-
हे मात! यह है पति, पिता श्रीराम का निर्णय नहीं
हैं आप तो निर्दोष बिल्कुल, मानते हैं वे यही

जन-मान्यता प्रेरक बनी, इस घृणित कुत्सित काम की
यह नीति-गत है विवशता "अवधेश राजा राम" की
आचार्य गण की नीतियाँ, जन मान्य के ही मत तथा
इस राज्य में आधार बनते निर्णयों के सर्वथा

अतिशय व्यथित हैं राम इस जनमत-जनित आदेश से
सिय पर नहीं संदेह किंचित, मन भरा है क्लेश से
श्रीराम का निर्णय कभी निज मोह, भय, उद्वेग से-
होता नहीं किंचित प्रभावित भावना के वेग से

केवल प्रजा औ' राज्य का रहता भला है मूल में
है व्यथित अति उनका हृदय ज्यों बिद्ध कोटिक शूल में
सामान्य जन के बीच ही हर बात पहले जन्मती
छतनार बरगद के सदृश फिर मान्य जन तक फैलती

श्रीराम का वनवास दासी बुद्धि ने ही था जना
जो अंततः सम्राट के देहांत का कारण बना
थी सति-परीक्षा पुरजनों ने अवध के देखी नहीं
अब नीतियों पर राज्य के नित उँगलियाँ हैं उठ रहीं

सर्वत्र चर्चा का विषय यह बन रहा कुविचार है-
श्रीराम ने बस मोहवश सिय को किया स्वीकार है
हैं बाध्य प्रभु, जन-मान्यता का मान रखने के लिए
निज प्राणघाती, विवश थे, आदेश करने के लिए

लक्ष्मण-वचन से राम के प्रति रोष कुछ तो कम हुआ
लेकिन अकारण दण्ड पाने का न दुःख मद्धम हुआ
हे लखन! क्या नारी बनी दुःख भोगने को ही सदा
अपमान, आँसू, कष्ट क्या उसकी यही है संपदा

करता अपहरण एक, रखता दुसह कारावास में
फिर नीति की ले आड़ दूजा है डुबाता त्रास में
मारा गया रावण, उचित था दण्ड यह उसके लिए
अपराध मेरा कौन सा, वनवास यह जिसके लिए

कारण प्रमाणित कर सकोगे किस तरह वनवास का
यह पृष्ठ कालिख से पुता रघुवंश के इतिहास का
था राक्षसों के बीच रावण ने रखा मुझको वहाँ
पर आज तो भेजा गया है मध्य पशुओं के, यहाँ

क्या यह अयोध्यावासियों की है नहीं अति क्रूरता?
फिर किस तरह है भिन्न असुरों से यहाँ की सभ्यता
होगा यही आदर्श क्या अब राम के इस राज्य का
इस कर्म से ही फलित होगा भाग्य क्या साम्राज्य का

लोकाभिमुख शासन व्यवस्था की विचित्र विडम्बना
जड़मति यहाँ, मेरे दुःखद वनवास का कारण बना
शासन व्यवस्था मात्र बदली है अभी इस राज में
रहते वही हैं रूढ़िवादी लोग वृद्ध-समाज में

शासन बदलने मात्र से यह राज्य बदलेगा नहीं
मिलता रहेगा राम-सिय को तो यहाँ वनवास ही
जब तक बदलता है नहीं हिय आम जनता का यहाँ
नव-राज्य की श्रीराम के फिर स्थापना होगी कहाँ

अब लौट जाओ, पूर्ण राज्यादेश तुमने कर लिया
औ' भोगने दो भाग्य ने मेरे लिए जो तय किया
जीवित रहूँगी मैं यहाँ हर कष्ट का कर सामना
रक्षार्थ अब संतान के करनी पड़ेगी साधना

❖

॥ पंचम सर्ग ॥

संतप्त मन, हिय दाह पूरित, नीर लोचन में लिए
मुझको विपिन में छोड़कर लक्ष्मण बिलखते चल दिए
निर्लिप्त, संज्ञा शून्य, आगे लड़खड़ाते वे बढ़े
उठते नहीं थे पाँव, रथ पर अति कठिनता से चढ़े

रक्षार्थ खींचा था, गमन करते हुए, रेखा कभी
पर छोड़ असुरक्षित मुझे वे विपिन में, लौटे अभी
लेकिन नहीं दुर्भावना मन में उठी उनके लिए
थे कर्मचारी राज्य के दायित्व निज पूरा किए

निर्दोष थी मैं, सत्य यह थे राम, लक्ष्मण जानते
पर कर्मचारी तो सदा विधि राज्य का ही मानते
भाषा नियम की, राज्यकर्मी सर्वदा ही बोलते
हर सत्य को केवल विधानों पर सदा हैं तोलते

होता नहीं है मूल्य कोई व्यक्तिगत संज्ञान का
उनके लिए तो सत्य होता मान्य, लेख विधान का
भेजा गया अनुसार विधि ही अवध के मुझको यहाँ
कुल-गुरु तथा ऋषि, मुनि किसी ने भी उन्हें रोका कहाँ

मैं अग्नि में उतरी परीक्षा हेतु लेकिन बच गई
पर आज तो मेरी परीक्षा ही यहाँ स्वाहा हुई
मैं सच नहीं इस राज्य में अपना प्रमाणित कर सकी
देकर परीक्षा भी नहीं संतुष्टि मन में भर सकी

कोशल जनों के हृदय में शंका सघन पोषित हुई
इस रूढ़िवादी तंत्र में दोषी सिया घोषित हुई
मैं बंदिनी बन दुर्ग में लंकेश के जीती रही
बस राम के अस्तित्व-रक्षा हेतु विष पीती रही

यदि मर गई होती वहाँ तो नष्ट होते राम भी
होता बचा रावण, प्रताड़ित हो रहे होते सभी
करता दशानन मानवों पर नित्य अत्याचार ही
होता मचा इस अवनि पर सर्वत्र हाहाकार ही

यदि तज दिया होता वहीं पर वाटिका में गात को
जो सह सकी होती नहीं उस क्रूरतम संघात को
उत्साह खंडित हो गया होता, न जो रहती सिया
होते पराजित युद्ध से पहले, अगर मरती प्रिया

वापस अयोध्या जा न पाते राम तो सिय के बिना
पुरुषार्थ होता क्षीण करते मृत्यु की बस कामना
वे मुँह दिखा पाते कहीं भी तो नहीं इस लोक में
फिर त्याग देते प्राण अपना डूबकर अति शोक में

मैं किन्तु दुःख अपमान सारा ही वहाँ सहती रही
श्रीराम के पुरुषार्थ-रक्षा हेतु नित मरती रही
उस राम ने ही प्राण को मेरे विदा है कर दिया
निज प्रेयसी-अर्धांगिनी को कष्ट से है भर दिया

इस विपिन में है वरण करने मृत्यु का भेजा मुझे
आते समय क्षण-मात्र को भी था नहीं देखा मुझे
लेकिन नहीं स्वच्छन्द मैं हूँ आज मरने के लिए
जीना पड़ेगा, गर्भ में जो पल रहा उसके लिए

जीती रही है माँ सदा संतान के आभास से
उत्पन्न करती है उसे अपने हृदय की प्यास से
बनना पिता इस जगत में आमोद का बस वरण है
माँ के लिए तो किन्तु यह अस्तित्व-स्थानांतरण है

सह कर असह्य पीड़ा सदा देती जनम संतान को
रक्षार्थ उसके वार देती गात औ' निज प्रान को
निज दुग्ध से है पालती, वह सींचती है अश्रु से
जीवन मरण का प्रश्न भी करता नहीं विचलित उसे

मातृत्व की उत्कट सदा नारी हृदय में कामना
बस हेतु संतति ही सदा करती सकल वह साधना
होता पुरुष भी है दुखी उसको न हो संतान जो
पर मीन सी नारी तड़पती बन सके माता न जो

सौंदर्य सारा नारि का संतान के आधान से
रहता सुवासित वाह्य-अंतर गर्भ के उद्यान से
मुख दीप्त रहता सतत नव अनुभूति के आलोक से
आभा उतर आती दृगों में दिव्य ज्यों परलोक से

बन रक्त बहती है रगों में, धड़कती वह प्रान में
विस्तार लेता सूक्ष्म उसका एक नव परिधान में
जननी रही रत हेतु संतति के सकल उत्थान के
है डोर नैसर्गिक जगत में मध्य माँ-संतान के

निज प्राण से भी अधिक वह संतान को है चाहती
हर कष्ट उसका ईश से अपने लिए है माँगती
संतान का किंचित नहीं वह देख सकती दुःख कभी
भगवान से हठ ठानती, उपवास, व्रत करती सभी

श्रीराम के तो पास परिजन और सारा राज्य है
मेरे लिए बस पुत्र ही मेरा सकल साम्राज्य है
निर्माण में वे रत रहें आदर्श कोशल राज्य के
वन में गढ़ूँगी पुत्र मैं जो रूढ़ियों को तज सके

हे भूत प्रेत पिशाच सरिसृप! याचना मेरी सुनो
हिंसक सभी प्राणी विपिन के, प्रार्थना मेरी सुनो
याचक बनी है आज सीता, तुम दया उस पर करो
दो दान जीवन का मुझे, कुछ देर तक धीरज धरो

उपरांत अपने प्रसव के तन सौंप दूँगी मैं तुझे
करना क्षुधा तुम शांत अपना, भक्ष कर उस पल मुझे
अवधेश की संतान मेरे गर्भ में है पल रही
गर्भस्थ शिशु को मारने सा पाप है दूजा नहीं

निज पुत्र की रक्षा किसी भी भाँति, मेरा कर्म है
भावी अवध-सम्राट की रक्षा तुम्हारा धर्म है
देना पड़ेगा आज भिक्षा, है घिरा संकट महा
निर्दोष दण्डित पुत्र मेरे गर्भ में है पल रहा

मैं जन्म से दुखिया रही हूँ कष्ट हर पल भोगती
वनवास, कारावास फिर परित्याग की यह दुर्गती
अति शक्तिशाली पति मिला मैं किन्तु दुःख सहती रही
उबरी अहिल्या किन्तु सिय-उद्धार कर पाए नहीं

सब रीछ वानर साथ लड़ जीते महासंग्राम को
सौंपा मुझे था बिन किसी आरोप के श्रीराम को
संदेह के घन हृदय पर उनके तनिक छाए नहीं
स्वीकार मुझको अवध के जन किन्तु कर पाए नहीं

करते अवध-जन रूढ़िवादी सोच की अभिव्यंजना
वनचर तथा पशु-पक्षियों से हीन है संवेदना
हत्या हुई है आज मानव-मूल्य की इस तंत्र में
आदर्श शासन देखते पर राम तो जनतंत्र में

था फट पड़ा आकाश, पैरों के तले खिसकी धरा
अपमान के संताप से हिय, प्राण था मेरा भरा
मस्तक टिकाकर भूमि पर मैं देर तक रोती रही
गुरु वेदना के भार से मैं चेतना खोती रही

ऊपर उठाया भाल, मैंने एक आहट जब सुनी
उज्ज्वल वसन में सामने देखा खड़े कोई मुनी
थे केश सारे धवल, लोचन में अलौकिक दीप्ति थी
रुद्राक्ष माला कंठ में, मुख पर झलकती तृप्ति थी

कुछ शिष्य भी थे साथ उनके जो तनिक पीछे खड़े
थी आम्र लकड़ी हाथ में, ज्यों यज्ञ करने थे बढ़े
ऋषि का अलौकिक तेज लख कर दण्डवत मैंने किया
"संताप, दुःख से मुक्त हो!" आशीष यह ऋषि ने दिया

पुत्री! नहीं हो विपिन में तुम अपितु निज आगार में
वाल्मीकि आश्रम हर्ष से प्रस्तुत सिया सत्कार में
आश्रय यहाँ मिलता दुःखी पीड़ित जनों को भी सदा
तुम तो सुता हो जनक की, इस भूमि की सुख-संपदा

तप दुःख निवारण हेतु होता जो उसी का अर्थ है
आत्माभिमुख हो की गयी सारी तपस्या व्यर्थ है
सच्चे तपस्वी को विनत सेवार्थ रहना चाहिए
संताप दुःख पीड़ित जनों का दूर करने के लिए

राजा, प्रजा लाभान्वित हों गहन अंतर्ज्ञान से
आश्रम तभी चलते यहाँ सब राज्य के अनुदान से
कारण तुम्हारी वेदना का शेष अब कोई नहीं
चिंता तथा भय का नहीं अस्तित्व आश्रम में कहीं

मैं जानकी के आत्मबल, तप, तेजबल से भिज्ञ हूँ
निर्दोषिता से भी सुता! बिलकुल नहीं अनभिज्ञ हूँ
संपूर्ण लंका मात्र सिय संस्पर्श से स्वाहा हुई
मारा गया लंकेश भी, थे प्राप्त जिसको वर कई

तुम पूर्णतः निर्दोष हो, हैं राम भी दोषी नहीं
यह भ्रष्ट सामाजिक व्यवस्था कष्ट का कारण रही
तेजस्विता से हैं तुम्हारे अवध जन परिचित नहीं
वनवास के कारण, वहाँ थोड़े समय तक ही रही

भ्रम वश अयोध्या-जन गहन संदेह आरोपित किए
सत्कर्म सारे कम पड़ेंगे पाप धोने के लिए
वंचित रहेंगे अवधजन सीता-कृपा से सर्वथा
वातावरण दूषित अयोध्या का नहीं सिय योग्य था

रत साधना में अति कठिन ही अनवरत श्रीराम हैं
किंचित नहीं सुख भोग, उनका राज्य पालन काम है
वनवास की पहले तपस्या, आज राजा-धर्म की
मन तप्त, पर अवहेलना करते नहीं निज कर्म की

कोशल महल तो राज्य कर्मी, परिजनों से है भरा
सिय के बिना निर्जन लगे पर राम को अम्बर, धरा
कर्तव्य से बँधकर हृदय में ही दबाए प्रीति को
अति वेदना सहकर निभाए राम रघुकुल-रीति को

सुत मोह था, पर तात ने भी धर्म का पालन किया
फिर त्याग कर निज प्राण, अपने प्रेम का परिचय दिया
जब नीति आकर प्रीति के सम्मुख खड़ी होती कभी
है श्रेष्ठ चुनना नीति को, कहतीं यही श्रुतियाँ सभी

हैं रो रहे श्रीराम उनका हृदय दुःख से फट रहा
अनुमान करना कठिन, जो हिय मध्य उनके घट रहा
साकार तो हैं राम पर क्रन्दन नहीं साकार है
हिय-रक्त बहता नेत्र से, उसका कहाँ आकार है

हो राम की पूरी तपस्या, दुःख तुम्हारा दूर हो
विजयी बने फिर सत, असत सबके हृदय का चूर हो
कोशल जनों को एक दिन अपराध निज स्वीकार हो
होगा उचित उस काल तक तुम अवध से बाहर रहो

❖

॥ षष्टम सर्ग ॥

कितने युगों से अनवरत है सृष्टि-क्रम चलता रहा
इस काल के अठखेल में जीवन सतत पलता रहा
गतिमान प्रतिक्षण समय-रथ, रुकता नहीं पल भर कभी
आवागमन करते रहें यों राह में सुख-दुःख सभी

उल्लास के दिन बीतते, कटती दुःखों की यामिनी
होता अमावस तो कभी, भू पर बिखरती चाँदनी
घनघोर काली रात का अब कलुष है कम हो गया
संलग्न जीवन-ग्रन्थ में मेरे हुआ पन्ना नया

आश्रम बनी तपभूमि मेरी, पुत्र पालन साधना
दो पुत्र ओजस्वी बहुत, पूरी हुई हर कामना
यह काल सीता के लिए मातृत्व का उत्कर्ष है
विच्छोह-दुःख के साथ ही सुत प्राप्ति का अब हर्ष है

गर्वित हृदय, भावी अवध सम्राट की माता बनी
है विरल अब तो हो गई, पीड़ा कभी जो थी घनी
दात्री बनी हूँ, पार कर दुःख दग्ध पारावार को
उपकृत करुँगी पुत्र देकर राम के परिवार को

निज पुत्र की भी सुधि नहीं ली राम ने, अचरज बड़ा
सुत प्राप्ति का तप, यज्ञ जो उनको नहीं करना पड़ा
रघुवंश को वंशज मिले यह जतन बस मैंने किया
अपमान का प्रतिदान वारिस जन्म कर मैंने दिया

इतने बरस के बाद भी मन में प्रतीक्षा है कहीं
श्रीराम को तो किन्तु कोई मोह सुत का है नहीं
मुझको भुलाया, कष्ट यह अब गौण है मेरे लिए
उनका हृदय क्यों किन्तु फटता है नहीं सुत के लिए

निज तात के होते हुए लव कुश अनाथों से रहें
सिय-कोख से बस जन्मने का दण्ड वे कब तक सहें
पितु कर्म से तो पुत्र का बनता बिगड़ता भाग्य है
क्यों गर्भ सीता का बना इनके लिए दुर्भाग्य है

मैं देखती नित दिवस, ज्यों ज्यों उम्र बढ़ती जा रही
लव और कुश की राम जैसी छवि निकल कर आ रही
उन्नत वही मस्तक, नयन में सिंधु की गम्भीरता
मुस्कान अधरों पर, टपकती भाल से है वीरता

अति सघन कुंतल बीच दर्शित दीप्तिमय मुख यूँ लगे
तारक रहित आकाश में घन बीच चन्दा ज्यों उगे
जाती स्वयं को भूल मैं, लगती उन्हें जब निरखने
बन मूर्त ज्यों सौंदर्य खुद होता खड़ा आ सामने

जूड़ा बँधा सिर पश्च, भुज रुद्राक्ष, धनु काँधे लिए
अवलोक उनका रूप शस्त्राभ्यास को जाते हुए
मानस पटल पर उभर आतीं त्वरित रेखाएँ कई
छवि राम की पहली यही, जो थी हृदय में बस गई

वे ब्रह्मचारी वेश बिल्कुल थे यही धारण किए
शिक्षा ग्रहण के बाद ही थे जनकपुर आए हुए
सौंदर्य उनका देख मन में प्रेम ने अंकुर लिया
हो मुग्ध मेरे हृदय ने तत्क्षण समर्पण कर दिया

बीते भले वे पल मगर अनुभूति मिट पाई नहीं
वह प्रेम जीवित आज भी है हृदय अंतर में कहीं
हैं दूर मुझसे आज वे, सम्बंध पीड़ा का सही
मैं जानती किंचित नहीं अपने हृदय के भाव ही

उपकार ऋषिवर ने निरन्तर ही बहुत हम पर किया
मुझ सी अभागिन को यहाँ सम्मान औ' आश्रय दिया
अवधेश नंदन पल रहे हैं यज्ञ पर, दुर्भाग्य है
पर गुरु मिले वाल्मीकि उनको यह बड़ा सौभाग्य है

ऋषि मुनि जनों का मनन बनता धर्म का आधार है
उस धर्म के आधार पर चलता जगत व्यवहार है
उद्धार करना मनुज का रहता सदा है मूल में
होती मनुजता ही प्रथम अनुकूल औ' प्रतिकूल में

बनता नियम भी राज्य का आधार पर ही धर्म के
निर्देश रहते हैं नियम में नृप, प्रजा के कर्म के
हो राज्य पालन व्यवस्थित अभिप्राय बस रहता यही
रक्षित रहे अधिकार सबका, हनन हो पाए नहीं

है धर्म थिर पर नियम बनता राज्य के अनुसार है
पुनरावलोकन नियम का, सुप्रबंध का आधार है
विधि राज्य की करती ग्रहण है धर्म के बस स्थूल को
ऋषि मुनि करें चिंतन, समझते हैं सदा वे मूल को

लंबी अवधि तक व्यवस्था कोई यथावत यदि चले
तो नित्य खर-पतवार दोषों के कई उसमें पलें
इस हेतु ही करना निरीक्षण समय पर अनिवार्य है
मानव धरम रक्षार्थ चिंतन ऋषिगणों का कार्य है

हैं नित रमे वाल्मीकि सीताराम-गाथा-सृजन में
हो शुद्धता मेरी प्रमाणित चतुर्दिक इस भुवन में
पुनरावलोकन कर रहे वे सृष्टि के व्यवहार का
नव नियम प्रतिपादित करेंगे धर्म के आधार का

शिक्षित करेंगे आमजन को, ऋषि भरेंगे चेतना
है ज्ञात उनको मनुज की अति सूक्ष्मतर संवेदना
अवगत कराएँगे सभी को सत-असत के ज्ञान से
स्वाधीन होंगे अवध-जन तब रूढ़ि औ' अज्ञान से

है अवध में अधिकार मत का आज सबके ही लिए
कर्तव्य का भी इसलिए तो बोध होना चाहिए
शिक्षा कराती बोध है दायित्व का, निज कर्म का
करना विवेचन काल के अनुरूप धर्माधर्म का

हैं गौण राजा और रानी राम के साम्राज्य में
मत आमजन का मान्य होता अवध के नव-राज्य में
किस राज्य में वनवास करती है भला नरपति प्रिया
नृप कौन जिसने मान जनमत, कष्ट है खुद को दिया

❖

॥ सप्तम सर्ग ॥

निर्विघ्न सकुशल यज्ञ मर्यादा पुरुष का चल रहा
किस प्राप्ति का है स्वप्न उनके हृदयतल में पल रहा?
अर्धांगिनी के स्थान पर अब तो सुशोभित मूर्ति है
यह लोक-भीरु राम के किस कामना की पूर्ति है?

अति प्रज्वलित बहु यज्ञ कुण्डों से लपट है उठ रही
समवेत पाठन से ऋचा के गूँजते अम्बर मही
स्वाहा स्वरों के साथ समिधाएँ निरंतर पड़ रहीं
पर ताप यह हिय-दग्धता के सामने कुछ भी नहीं

हैं पुत्र आनंदित बहुत ही अंक में निज तात के
विस्तार जैसे लग रहे वे राम के ही गात के
पाकर उन्हें परिजन सभी अत्यंत ही हर्षित हुए
अवधेश उनको निरखते अति नेह लोचन में लिए

वन मध्य था अपने पराक्रम का प्रथम परिचय दिया
बंधक बनाकर अश्व, सेना को पराजित जब किया
संदेह उपजा था हृदय में जब मिली थी सूचना
प्रस्तुत हुआ है कौन करने को समर में सामना

गायन सुना ऋषि-काव्य का निज पुत्र से जब राम ने
संदेह कोई भी नहीं फिर टिक सका था सामने
फल पा लिया था यज्ञ का ज्यों पूर्णता के पूर्व ही
उनके हृदय-सर में खिला था सुख-सरोज अपूर्व ही

वाल्मीकि मेरी शुद्धता की घोषणा करने खड़े
ऋषि, मुनि तथा गन्धर्व सबके चक्षु हैं मुझ पर गड़े
राजा नहीं, ऋषि अपितु होता है नियंत्रक धर्म का
अधिकार में उनके विवेचन है सभी के कर्म का

हे मात! भर लो अंक में, अब लालसा मन में नहीं
इस जगत के सुख भोग की तो तनिक भी बाकी रही
है पूर्णतः निर्वाह अपने धर्म का मैंने किया
अवधेश की संतान को उनको समर्पित कर दिया

माता बिना संतान का जीना बहुत सामान्य है
पर पितु बिना उनका नहीं जीवन जगत में मान्य है
इतने दुःखो से पालकर उनको बड़ा मैंने किया
वे पुत्र होंगे राम के, जग में नहीं होगी सिया

विधिनाथ ने ही भाग्य में जो लिख दिया मेरे व्यथा
अस्तित्व मेरा रह गया बनकर यहाँ दारुण कथा
मैंने जनम भर आचरण बस शास्त्र सम्मत ही किया
इतना बड़ा क्यों दंड बस मृग-लोभ का मुझको दिया

मुझमें नहीं अब और जीने की बची है कामना
अपहृत हुई जब मैं, तभी थी चाहती जग त्यागना
चिंता मुझे है मात्र इस आदर्श कोशल राज्य की
निर्दोष को दण्डित करे उस क्रूर सभ्य समाज की

इतनी नहीं बस बात कि 'दण्डित हुई है जानकी'
है प्रश्न यह अस्तित्व का इस सृष्टि के अर्धांग की
राजा बदल जाते, बदल जाती व्यवस्थाएँ यहाँ
नारी दशा लेकिन कभी इस लोक में बदली कहाँ

नारी युगों से पुरुष-अत्याचार सब सहती रही
इस राज्य ने भी दोहराया है कहानी फिर वही
हे राम! बनकर सिय कभी इस मेदिनी पर उतरना
तुम जान पाओगे तभी नारी हृदय की वेदना